희망은 내 안에
숨어 있었네

이 책의 활용법

■ 오른쪽 페이지에 있는 그림과 글을 감상하면서 숨어 있는 그림을 찾습니다. 정답은 책 뒤쪽에 있습니다.

■ 왼쪽 페이지에 있는 빈 그림에 색칠을 하고, 말풍선 속에 알맞은 말을 써 넣어 자기만의 작품을 완성합니다.

■ 무늬가 들어 있는 왼쪽 페이지에는 자신의 생각을 글로 적거나 그림을 그려 넣습니다.

희망은 내 안에
숨어 있었네

아주 특별한 「숨은그림찾기」·2

최준식 글·그림

함찬북

소중한 것들은 마음의 눈으로

최준식(일러스트레이터)

'잘 보려면 마음으로 보아야 한다'는 말이 있다. 「숨은그림찾기」의 세계가 그런 것 같다. 중요한 것, 소중한 것은 정작 자신의 주변에 가까이 있음에도 그것을 잘 찾지 못한다. 그리고는 마치 진실 게임처럼 엉뚱한 곳에서 헤매다 뒤늦게 발견하는 일이 허다하다.

「숨은그림찾기」는 우리에게 삶의 지혜를 가르쳐준다. 중요한 것, 소중한 것은 저 멀리 있는 것이 아니라 마음의 눈으로 주위를 잘 살피면 아주 사소한 일상 속에서 찾을 수 있다는 것을 알려준다. 삶 속에서 크게 눈을 뜨면 찾고자 하는 해답이 뜻밖에도 가까이 있다는 것을 일깨워주는 것이다.

멀티미디어 시대가 되면서 언제부터인가 '책의 무용론'을 이야기하는 사람도 있다. 그것은 전자 출판의 발전과 그 편리함, 그리고 책을 대신하는 다른 볼거리의 범람 때문이기도 할 것이다. 하지만 인류가 존재하는 한, 적어도 '종이 책' 그것을 대체할 만한 것은 없을 거라는 견해에 나는 한 표를 던진다. 인류 최고의 발명품인 종이 책의 우수성을 따라잡을 것은 아무것도 없기 때문이다. 지금까지도 그렇지만 앞으로도 영원히 그럴 것 같다.

이번에 출간하는 「숨은그림찾기」 시리즈가 실로 중요한 것, 소중한 것들을 주변에서 찾게 되는 계기를 독자 여러분들께 드리게 되었으면 좋겠다. 그리고 무엇보다 현대인의 고질병이 되어가는 '스마트폰 중독'에서 벗어나 느림의 미학을 즐길 수 있는 단서가 되기를 바란다.

행복해질 권리는 스스로 찾을 수밖에

홍영철(시인)

시든 소설이든 수필이든 글을 쓸 때 가장 먼저 하게 되는 것은 머릿속에 하나의 그림을 그리는 일이다. 인물이든 장면이든 모든 것은 일단 그림 이미지로 구성된 다음 문장으로 옮겨진다. 흔히 그것을 '상상'이라고 일컫는다. 문학뿐만이 아니라 모든 예술의 창작은 그런 과정을 거치게 되어 있다. 이미지는 창조적인 행위에 있어서 아주 중요한 역할을 한다.

이상적인 독서의 양식을 이야기할 때 자주 나오는 말이 '재미와 교양'이다. 이 두 가지의 균형이 잘 맞으면 독서의 효율성을 최대한 끌어올릴 수 있는 것이다. 최준식 씨의 이미지들이 여기에 해당하는 것 같다. 그의 그림은 보는 이의 눈길을 오래 머물게 한다. 재미도 있지만 무엇인가 생각하게 하는 힘이 있다.

최준식 씨의 이미지들 속에는 여유가 넘친다. 고개를 끄덕이게 하고 미소를 짓게 한다. 저 혼자 동떨어져 다른 세상에 머물고 있는 그림이 아니다. 그림의 소재를 누구나 공감할 수 있는 생활 속에서 가져오기 때문이 아닌가 여겨진다.

살아가면서 애써 갈고 닦으며 배우려 하는 것은 우리가 좀 더 지성인에 가까이 다가가려는 몸부림이 아닐까 싶다. 지성인이란 어느 시대, 어느 누구와도 편견 없이 대화할 수 있는 사람을 말한다. 지식이 넘쳐나는 시대에 지식인은 많으나 지성인은 잘 보이지 않는다. 한평생을 지내는 데 꼭 필요한 자양분 같은 삶의 지혜가 별로 쓸모도 없는 지식에 자꾸 밀리는 듯한 오늘이다. 그래서 함께 마음을 나눌 수 있는 진정한 지성인이 더욱 그리워진다.

최준식 씨의 이미지들은 지금 이 시대를 살고 있는 바로 우리의 모습을 과장 없이 담고 있어서 큰 울림으로 다가온다. 이 책으로 자신과 주변을 돌아보는 시간을 가지게 되리라 믿는다. 부디 재미와 교양을 함께 얻을 수 있는 좋은 기회가 되기를 바란다. 우리는 행복해질 권리가 있고, 그 권리는 스스로 찾을 수밖에 없으니까.

차례

part 1
초인은 고난을 사랑한다

part **2**

웃음은 눈물 속의 무지개

part **3**
삶, 금빛 찬란한 불꽃으로

part 4

마음은 미래에 사는 것

모두 여기에 숨어 있었네

초인은 고난을 사랑한다

비바람이 나무의 뿌리를 깊게 하는 것처럼 고난은 사람을 강하게 만든다.
고난 속에서 우리는 비로소 진정한 자기 자신을 만나게 된다.
고난은 인간을 앞으로 나아가게 하는 힘을 준다.

착한 천성에 의지하라

사람의 본성은 착한 것이다.
그 일생을 편안히 지내려면
어떠한 경우에 있어서도 착한
천성에 의지하여야 한다.
만약 그 천성에서 빗나간다면
그때부터 사람은 불행한
길로 들어서는 것이다.

-동양 명언

벙어리장갑 · 종이배 · 군인 모자 · 빗자루 · 바가지

친절한 벗의 선물은 아무리 사소한 것일지라도 가치 있는 것으로 여겨진다.
친절한 마음씨만으로도 이미 하나의 선물이기 때문이다.

─데모크리토스

가슴, 이마, 입, 손

> 당신의 그 가슴에는
> 덕이 있고, 그 이마에는
> 예절이 있고, 그 입에는
> 친절이 있으라. 그리고
> 그 손에는 노동이 있으라.
>
> ─ 패공

중절모 · 종이비행기 · 새 · 칫솔 · 양말 · 밤톨

군인 모자 · 화분 · 종이배 · 성냥개비 · 쇼핑백

돛단배 · 양말 · 국자 · 사람 옆얼굴 · 송곳 · 못

새것은 없다

고추 · 골프채 · 세숫대야 · 여우 머리 · 열대어 · 입술 모양

貧 賤 之 交 不 可 忘
빈 천 지 교 불 가 망

가난했던 시절의 친구는 언제까지나 잊어서는 안 된다.
一후한서

새 머리 · 방울 모자 · 열대어 · 여우 머리 · 유리잔

희망은 내 안에 숨어 있었네

새 머리 · 우리나라 지도 · 사람 옆얼굴 · 버섯 · 슬리퍼 · 고래

사랑이 있는 반찬

사랑이 있는 곳의
나물 반찬은
사랑이 없는 곳의
고기 반찬보다
낫다.

─서양 명언

못 · 열대어 · 모종삽 · 비녀 · 화살표 · 오리

늘 보는 눈을 높이 가져라!
착안이 높지 않고서는
높은 도리를 발견할 수 없다.

— 동양 명언

벙어리장갑 · 삼각자 · 방울모자 · 양초 · 프라이팬

위대한 사상은 반드시
커다란 고통이라는 밭을
갈아서야 이루어진다.
갈지 않고 둔 밭에는 잡초만
무성할 뿐이다.
　　　사람도 고통을 겪지
않고서는 언제까지나
　평범함과 천박함을
면하지 못한다.
모든 고난은 인생의 좋은
　　벗이다.
　　―힐티

별 모양 · 종이컵 · 국자 · 버선 · 항아리 뚜껑

오리 · 슬리퍼 · 펼쳐진 책 · 종이컵 · 돛단배

사랑은 그것이 자기 희생일 때 외에는 사랑의 이름에 적합하지 않다.
—로맹 롤랑

플라스틱 바가지 · 도토리 · 바나나 한 쪽 · 아이스콘

가오리 · 종이비행기 · 사람 옆얼굴 · 권총집 · 병

삼각자 · 돛단배 · 뼈다귀 · 종이컵 · 바가지

세숫대야 · 원뿔 · 오리 · 양초 · 피라미드

희망은 내 안에 숨어 있었네

무엇이든지 풍부하다고 반드시
좋은 것은 아니다.
더 바랄것 없이 풍족하다고 해서
그만큼 기쁨이 큰 것은 아니다.
좀 모자라는 듯한 여백!
그 여백이 오히려
기쁨의 샘이다.

— 파스칼

연필 · 남자 옆모습 · 종이배 · 못 · 열대어

고개를 오르려다가 꼭대기에 이르지 못했다 하더라도 얼마나 칭찬할 만한 일인가.

도중에 넘어진다 해도 커다란 일로 애쓰는 사람을 존경하라.

현재의 힘으로는 할 수 없는 더 커다란 일을 자기 마음에 그려본다는 것은 아주 귀중하다.

—세네카

걱정부터 하지 말기

원뿔 · 새 머리 · 개구리 · 낫 · 괭이 · 목장갑

한 자루의 양초로
많은 양초에 불을 옮겨
붙이더라도 첫 양초의 빛은
흐려지지 않는다.

― 탈무드

입술 모양 · 양말 · 남자 구두 · 새끼고래 · 새

사람을 가장 사람답게
인도하는 힘은 의지력이다.
기둥이 약하면 집이 흔들리듯
의지가 약하면 생활이
흔들린다.

ㅡ 에머슨

티셔츠 · 요트 · 장화 · 세숫대야 · 물컵 · 양초

펼쳐진 책 · 피라미드 · 열쇠 · 장화 · 맷돌

희망은 내 안에 숨어 있었네

운동모자 · 화살표 · 피라미드 · 넥타이 · 독수리 머리

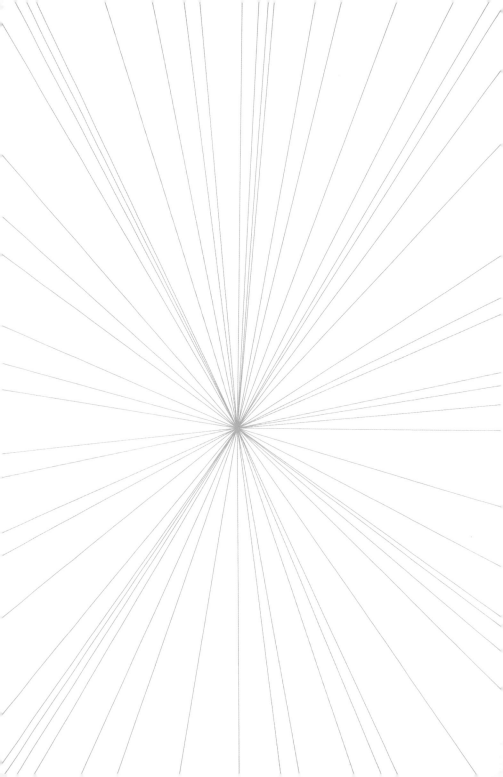

오리 · 학사모 · 모종삽 · 텐트 · 돛단배 · 화살표

토끼 머리 · 나비 · 괭이 · 구부러진 못 · 종이배

승리는 가장 끈기 있는 자에게 간다.

—나폴레옹

텐트 · 플라스틱 바가지 · 병 · 할아버지 옆얼굴

웃음은 눈물 속의 무지개

만약 이 세상이 눈물의 골짜기라면 웃음은 거기에 걸린 무지개.
웃음은 인간 고유의 것이므로 웃을 때 비로소 인간이 된다.
많이 웃어두도록 하라. 언제 울게 될지 모르기 때문에.

삼각 깃발 · 쇼핑백 · 화살표 · 호미 · 종이배 · 부츠

희망은 내 안에 숨어 있었네

그 아내에 그 남편

알파벳 T · 방울모자 · 숫자 7 · 편지 봉투 · 다리미

인생이 엄숙하면 할수록 그만큼 더 유머가 필요하다.

—위고

콧구멍이 두 개인 이유

하트 · 입술 모양 · 종이컵 · 뼈다귀 · 조개

칫솔 · 머리빗 · 숫자 7 · 낫 · 등산화 · 프라이팬

화분 · 만두 · 빨랫방망이 · 도끼 · 개 머리 · 병

희망은 내 안에 숨어 있었네

아이스콘 · 접은 우산 · 페인트 붓 · 세숫대야 · 사람 옆얼굴

남이 나를 속인다고 하지 말라.

사람은 늘 자기가 자신을 속이고 있는 것이다.

그대의 생각이 올바른 중심에서 벗어나서 자기를 괴롭히고 있는 것이다.

—괴테

돛단배 · 커피잔 · 괭이 · 뼈다귀 · 숫자 7 · 팽이

화살표 · 고추 · 바지 · 칫솔 · 하트 · 갓

완전 성인용 비디오

슬리퍼 · 연필 · 개 머리 · 피라미드 · 장화 · 국자

뱁새의 조상 탓

넥타이 · 물고기 · 남자 구두 · 부엌칼 · 고구마 · 못

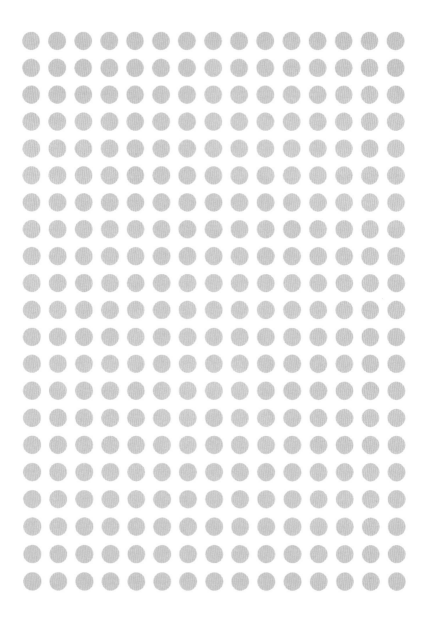

압정 · 장화 · 아이스콘 · 별 모양 · 빨랫방망이

커피잔 · 텐트 · 수박 조각 · 버섯 · 깔때기

千慮一失

천 려 일 실

지혜로운 사람도 많은 생각 가운데는 미처 생각하지 못하는 일이 있어 실수할 때가 있다는 말.

칫솔 · 접은 우산 · 야구 배트 · 괭이 · 프라이팬

물방울 · 군인 모자 · 아이스콘 · 호미 · 화살표

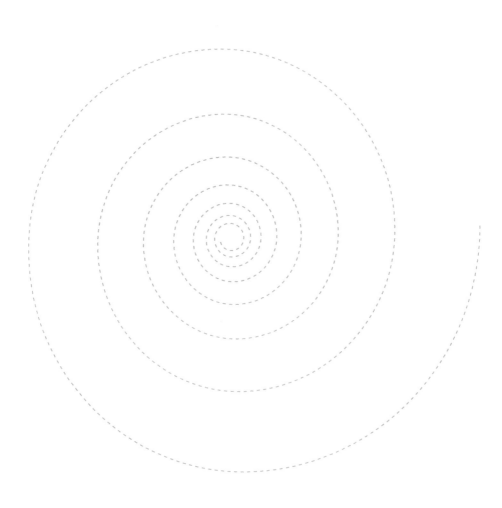

시집 보내 드립니다

우리나라 지도 · 열대어 · 돛단배 · 화분 · 열쇠

열쇠 · 모종삽 · 화분 · 바늘 · 양말 · 연필

분수를 모르는 엄마

원뿔 · 칫솔 · 몽당연필 · 펜촉 · 하트 · 열대어

해수욕장은 남녀 혼탕?

왕관 · 구부러진 못 · 군인 모자 · 탁구 라켓 · 바지

종이비행기 · 만두 · 열대어 · 이이스콘 · 몽당연필

희망이 없는 사랑을 하고 있는 자만이 사랑을 알고 있다.

—실러

연인들은 왜 더듬거릴까?

오리 · 낚싯바늘 · 벙어리장갑 · 양말 · 가오리

몽당연필 · 종이배 · 왕관 · 독수리 머리 · 화살표

세탁소 주인이 좋아하는 차

삿갓 · 만년필촉 · 플라스틱 바가지 · 병 · 호미

장화 · 텐트 · 항아리 · 리본 · 군인 모자

카드 봉투 · 삿갓 · 종이배 · 스타킹 · 학사모

삶, 금빛 찬란한 불꽃으로

소유하고 싶고, 그것을 즐기고 싶은 것이 삶이다.
그러나 소유는 언제나 부족하기만 해서 즐길 겨를이 없다.
슬기로운 사람만이 지금 자신이 소유한 것을 즐길 수 있다.

야구 배트 · 바늘 · 장화 · 권투 글러브 · 중절모

웃기는 놈이 더 나빠

도토리 · 개 머리 · 중절모 · 병따개 · 종이배 · 새 머리

도끼날 · 쇼핑백 · 새 머리 · 불지 않은 풍선 · 8분음표

3주간 서로 연구하고, 3개월간 서로 사랑하고, 3년간 서로 싸우고, 30년간 서로 참고 견딘다.
그리고 그 자식들도 이와 같은 짓을 시작한다.

—텐

아내 말을 잘 들으면

낫 · 종이컵 · 꽃병 · 슬리퍼 · 군인 모자 · 서예 붓

호롱불 · 만년필촉 · 종이컵 · 버섯 · 칫솔 · 빗자루

희망은 내 안에 숨어 있었네

독수리 머리 · 낚싯바늘 · 사람 옆얼굴 · 개 머리 · 삿갓 · 텐트

접은 딱지 · 돛단배 · 압정 · 양말 · 토끼 머리 · 못

All that is ancient is beautiful.

지나간 일들은 모두 아름답다.

—영국 속담

바늘 · 버섯 · 호미 · 삼각 깃발 · 중절모 · 못

희망은 내 안에 숨어 있었네

남자 구두 · 플라스틱 바가지 · 화살표 · 장화 · 페인트 붓

비커 · 당근 · 군인 모자 · 칠판 지우개 · 갈매기

화살표 · 사람 옆얼굴 · 티셔츠 · 볼링핀 · 종이배

백조자리
제우스는 스파르타의 왕비 레다의 아름다움에 반했다. 아내 헤라에게 들킬 것을 염려한 제우스는 그녀를 만나러 갈 때면 백조로 변신하여 올림푸스 산을 빠져나오곤 했다. 제우스의 사랑을 받아들인 레다는 두 개의 알을 낳았는데, 하나에서 남자아이 카스트로와 여자아이 크리타이메스타가 태어났고, 다른 하나에서 남자아이 폴룩스와 여자아이 헬렌이 태어났다. 카스트로와 폴룩스는 로마를 지키는 영웅이 되었고, 헬렌은 절세의 미인으로 트로이전쟁의 원인이 되었다.

몽당연필 · 하트 · 슬리퍼 · 만년필촉 · 화분

담배 파이프 · 비커 · 만년필촉 · 열쇠 · 물고기

삼각 깃발 · 슬리퍼 · 뼈다귀 · 송편 · 개 머리

중절모 · 화분 · 도끼 · 원뿔 · 자동차

새 파는 가게에 가서

나는 새를 샀지

당신을 위해

나의 사랑

꽃 파는 가게에 가서

나는 꽃을 샀지

당신을 위해

―프레베르

오징어 몸통 · 부츠 · 국자 · 8분음표 · 새 머리

목장갑 · 종이배 · 모종삽 · 하이힐 · 뼈다귀

벙어리장갑 · 화분 · 숫자 7 · 양초 · 호미

당근 · 선글라스 · 장화 · 슬리퍼 · 핀셋 · 화살표

가난의 괴로움을 면하는 길은 두 가지가 있다.
하나는 재산을 늘리는 것이고, 하나는 욕망을 줄이는 것이다.
전자는 마음대로 되지 않지만, 후자는 언제나 우리의 마음가짐으로 가능하다.
—톨스토이

오징어 · 열쇠 · 삿갓 · 화분 · 페인트 붓

원뿔 · 양초 · 건전지 · 세숫대야 · 화살표

호랑이한테 물려 가도

운동 모자 · 열대어 · 고추 · 부엌칼 · 오리 · 남자 구두

새 머리 · 은행잎 · 하트 · 남자 옆모습 · 별 모양

밤톨 · 남자 구두 · 버섯 · 야구 배트 · 오징어 몸통

마음은 미래에 사는 것

미래는 좋든 싫든 지금 이 순간도 다가오고 있다.
세상의 모든 비밀 중에 가장 큰 비밀이 미래 속에 담겨 있다.
꿈과 희망을 믿는 사람만이 그 신비의 문 안으로 들어갈 수 있다.

화분 · 프라이팬 · 종이배 · 삼각자 · 불지 않은 풍선

밀지 마세요, 하나님

분필 · 못 · 감투 · 괭이 · 부엌칼 · 프라이팬

어린이들은 모두가 예술가이다.

문제는 어떻게 하면 예술성을 잃지 않고 성장하느냐에 있다.

―피카소

새 · 페인트 붓 · 못 · 종이컵 · 개 머리 · 칫솔

희망은 내 안에 숨어 있었네

사람 옆모습 · 우리나라 지도 · 오리 · 별 모양 · 가오리

프라이팬 · 종이비행기 · 망치 · 윷 한 개 · 돛단배 · 양초

칫솔 · 배 · 빨랫방망이 · 방 빗자루 · 몽당연필

駑馬十駕
노마십가

둔한 말이 열 수레를 끈다는 뜻으로,
재주가 없는 사람이라도 열심히 하면 뜻을 이룰 수 있다는 말.

남자 구두 · 나팔 · 여자 부츠 · 국자 · 새 머리 · 텐트

희망은 내 안에 숨어 있었네

사랑과 미움

복어 · 페인트 붓 · 못 · 압정 · 새 머리 · 사람 옆얼굴

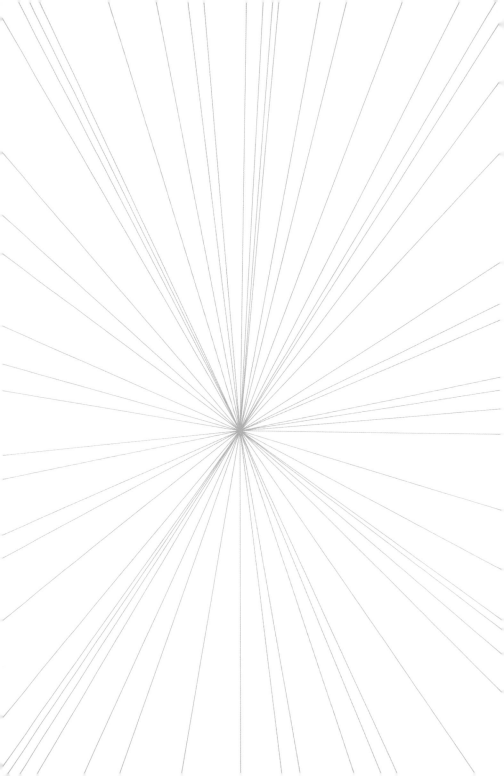

도끼 · 수박 한 조각 · 부츠 · 종이비행기 · 사각 깃발

종이컵 · 별 모양 · 병 · 열쇠 · 운동 모자

편지 봉투 · 플라스틱 바가지 · 호미 · 병 · 비녀 · 원뿔

오리온자리

오리온은 뛰어난 사냥꾼이었다. 달과 사냥의 여신 아르테미스는 오리온과 사랑하는 사이였으나 오빠인 아폴론은 이들을 탐탁지 않게 여겼다. 아폴론은 어느 날 사냥을 하고 있는 오리온을 과녁 삼아 동생과 내기를 청한다. 오리온인 줄 모르는 아르테미스는 사냥의 여신답게 오리온의 머리를 명중시켰다. 이후 아르테미스는 모든 사실을 알게 되었고, 제우스는 아르테미스의 슬픔을 달래주기 위해 오리온을 밤하늘의 별자리로 만들었다.

양초 · 운동 모자 · 야구 배트 · 플라스틱 바가지 · 알파벳 E

때로는 무료 봉사도 아끼지 마라.

지난날의 자선과 오늘의 만족을 머릿속에 그리면서…….

—히포크라테스

중절모 · 물고기 · 골프채 · 무 · 슬리퍼 · 거위

희망은 내 안에 숨어 있었네

깔때기 · 삿갓 · 종이비행기 · 양초 · 성냥개비

넥타이 · 종이비행기 · 새 머리 · 뼈다귀 · 못

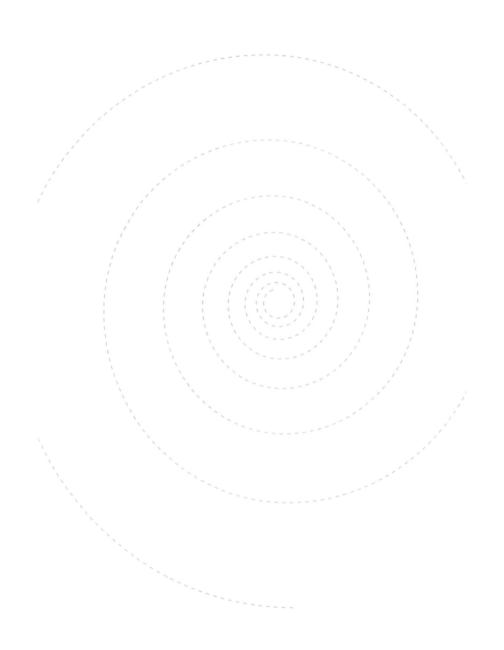

불지 않은 풍선 · 유리잔 · 볼링핀 · 핀셋 · 오리발

희망은 내 안에 숨어 있었네

출근하는 재미는 퇴근

슬리퍼 · 느낌표 · 성냥개비 · 캡슐 약 · 프라이팬

물고기 · 주머니칼 · 화살표 · 8분음표 · 버선

오래 가는 행복은 정직함 속에서만 발견할 수 있다.

—리히텐베르크

법 없이도 살 사람

플라스틱 바가지 · 종이컵 · 아이스콘 · 하트 · 오리

가루우유를 먹여봐

플라스틱 바가지 · 망치 · 목장갑 · 밤톨 · 고추

술값이 많이 나와서

종이배 · 원뿔 · 숫자 7 · 돛단배 · 피라미드

희망은 내 안에 숨어 있었네

올챙이 · 철모 · 열대어 · 도넛 · 만년필촉

도끼 · 갓 · 물고기 모양 · 페인트 붓 · 뼈다귀

아주 특별한 「숨은그림찾기」 모범 답안

모두 여기에 숨어 있었네

희망은 일상의 시간이 영원한 것과 속삭이는 대화이다.

—릴케

희망은 내 안에 숨어 있었네

희망은 내 안에 숨어 있었네
—아주 특별한 「숨은그림찾기」· 2

1판 1쇄 발행일 | 2017년 8월 25일

지은이 | 최준식
펴낸이 | 김채민

기획 및 편집 | 홍영사
인쇄 및 제본 | 새한문화사
용지 | 한국출판지류유통

펴낸곳 | 힘찬북
출판등록 | 제410-2017-000143호
주소 | 서울특별시 마포구 망원로 94, 301호
전화 | 02-2272-2554
팩스 | 02-2272-2555
이메일 | hcbooks17@naver.com

© 최준식, 2017

ISBN 979-11-961655-1-2-03190